天眼科普

中国超级工程（第一辑）

中国桥

肖维玲 / 丛书主编　刘少鹏 / 著　姚旭丹 / 绘

贵州出版集团
贵州科技出版社

图书在版编目（CIP）数据

中国桥 / 刘少鹏著；姚旭丹绘. -- 贵阳：贵州科技出版社，2022.12
（中国超级工程 / 肖维玲主编. 第一辑）
ISBN 978-7-5532-1042-1

Ⅰ. ①中… Ⅱ. ①刘… ②姚… Ⅲ. ①桥梁工程-中国-普及读物 Ⅳ. ①U44-49

中国版本图书馆CIP数据核字(2022)第186408号

中国桥

ZHONGGUO QIAO

出版发行	贵州出版集团　贵州科技出版社
地　　址	贵阳市观山湖区会展东路 SOHO 区 A 座（邮政编码：550081）
网　　址	http://www.gzstph.com
出 版 人	王立红
经　　销	全国各地新华书店
印　　刷	深圳市新联美术印刷有限公司
版　　次	2022 年 12 月第 1 版
印　　次	2022 年 12 月第 1 次
字　　数	112.5 千字
印　　张	4.5
开　　本	889 mm × 1194 mm 1/16
定　　价	49.00 元

天猫旗舰店：http://gzkjcbs.tmall.com
京东专营店：http://mall.jd.com/index - 10293347.html

铺就通往梦想的那段路

编辑同志们请我写一篇序。书的主题是“中国桥”。

这是一本给孩子看的小书。要把桥讲给孩子们听，并不是一件容易事，毕竟桥不像活泼的小动物，不像神话里的人物，几个调皮的动作或神奇的法术，就能让孩子们喜爱、着迷。桥，它静静地在那里，不言不语，等待你驻足观望，或俯下身子一探究竟，只有用心的人才能真正发现它的美以及建造技艺的奇妙。

这本书，显然是花了心思的。它先讲了几个关于桥的神话故事，让孩子们从故事里感受什么是桥；然后，讲述了中国古代的桥——桥的传说，桥上发生的故事，桥的美丽与蕴藏的智慧；讲述了近代中国的落后和人们的苦苦探索；讲述了今天的伟大工程，那些精湛的设计和惊人的建造速度，标志着中国重回世界桥梁强国之列。这些讲述，看似平铺直叙，其实暗含匠心。作者采用了多种表现手法，尽最大的努力给孩子们增加一份阅读的趣味。例如：明明是一座小小的单孔石桥，为什么名字是二十四桥呢？洛阳桥为什么不在洛阳，而在泉州呢？这些有趣的问题可以激发孩子们的阅读兴趣。

值得一提的是，书中专门用了好几页篇幅，详细讲述了中国桥梁之父——茅以升主持建造钱塘江大桥的感人故事，让我们在了解桥梁知识的同时，也感受到一代桥梁建设者对祖国的热爱，对梦想的坚守；让孩子们懂得，那些伟大的超级工程是一系列技术攻关成功的结果。我由衷地希望爱好科学、喜欢探索的孩子们，能够在这些书页上种下新的梦想，并为之努力奋进！

孟凡超

港珠澳大桥总设计师

看，那儿有一座桥。
那是神话里的桥。

七仙女的孩子正在为怎么到外婆家发愁，仙人吕洞宾用剑在水上一划，立刻出现了一座石拱桥。孩子们过了桥，见到了思念已久的外婆。这座桥就是传说中的“**外婆桥**”。

看，那儿有一座桥。

那是自然形成的桥。

瀑布上面一条天然的石梁就是一座桥，人们可以从这头走到那头。

一棵大树倒在小河上，就成了一座独木桥，人可以像走平衡木一样到达对岸。

看，那儿有一座桥。
那是山间的一座小小的索桥。
有了它，孩子们的上学路更安全、更便捷。

看，那儿有一座桥。
那是长江上的桥。
它既能走汽车，又能走火车。

这就是桥——有的跨越河流，有的跨越山谷；有的走火车，有的走汽车，还有的火车、汽车都能走。

▲ 武汉长江大桥（湖北省）

▲ 宝墨园石桥（广东省）

▲ 五亭桥（江苏省）

▲ 南浦大桥（上海市）

▲ 北盘江第一桥（云南省、贵州省交界）

▲ 四渡河大桥（湖北省）

▲ 杭州湾跨海大桥（浙江省）

▲ 苏州友新立交桥（江苏省）

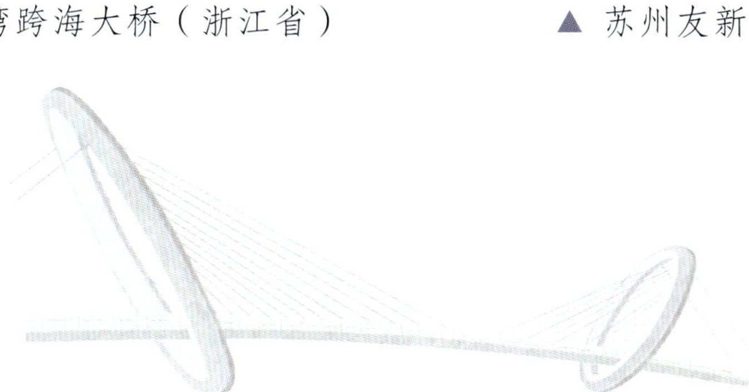

▲ 南京眼步行桥（江苏省）

拱桥

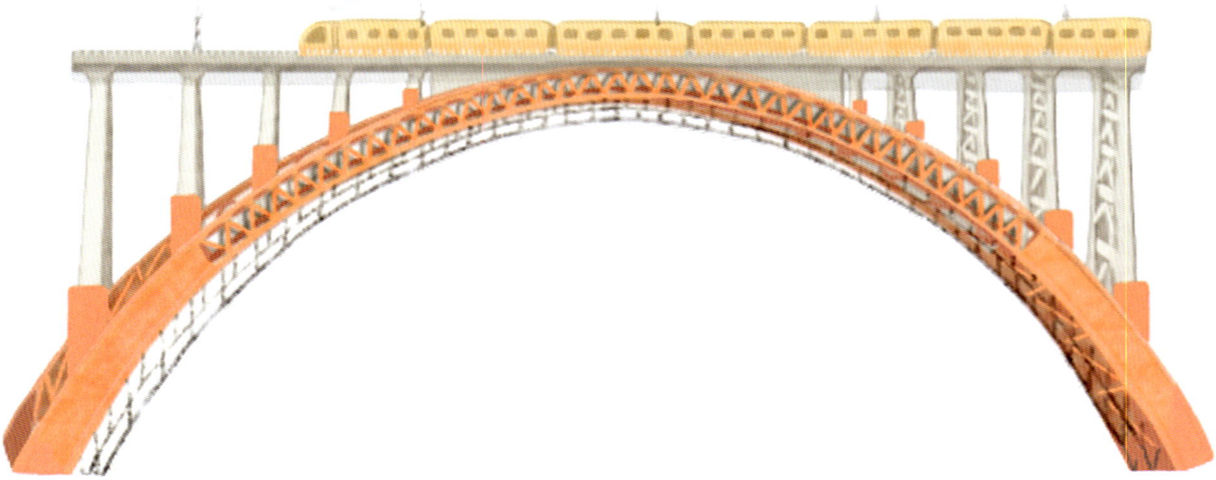

▲ 水柏铁路北盘江大桥（贵州省）

梁桥

◀ 南京长江大桥（江苏省）

悬索桥

▲ 西堠(hòu)门大桥（浙江省）

有弯弯的拱桥，

有直来直去的梁桥，

有靠绳索连接起来的悬索桥，

也有将很多船连起来做成的浮桥。

浮桥

我国山川众多、江河纵横，自古就是一个桥梁大国。有很多桥非常古老……

河北赵县洨(xiáo)河上的**赵州桥**已经有 1400 多岁了。这座大石桥的两肩上各有两个小拱。这种设计不但节约了石料，减轻了桥身的重量，而且在河水暴涨的时候，还可以减轻洪水对桥身的冲击；拱上加拱，桥也更漂亮了。

有很多桥有着令人难忘的历史……

1937 年 7 月 7 日，日本侵略者向宛平城发动进攻，宛平城的中国驻军奋起反击，在**卢沟桥**打响了全面抗战的第一枪，史称“卢沟桥事变”或“七七事变”。

人们说，卢沟桥上的石狮子数不清，它们有大有小，形态各异。尤其是那些小狮子，有的在母亲怀里熟睡，有的藏在大狮子身后捉迷藏，还有的因为太淘气被大狮子用爪子按在地上……

有很多桥小巧玲珑，美得就像一首诗。

北京颐和园昆明湖长堤上的**玉带桥**，全部用玉石琢成，像一条玉带横跨湖上，半圆的桥洞与水中的倒影组成了一轮透明的“圆月”，美丽极了。

有很多桥因为一首诗而变得更加美丽。

唐朝诗人张继写过一首诗《枫桥夜泊》：“月落乌啼霜满天，江枫渔火对愁眠。姑苏城外寒山寺，夜半钟声到客船。”这首诗让苏州城外小小的**枫桥**名扬天下。

有一些桥简单得只有铁索和木板。

四川省泸定县大渡河上的**泸定桥**，桥长约103米，宽3米，13根铁链固定在两岸桥台的落井里，9根作底链，4根分于桥身两侧作扶手，共有12 164个铁环相扣，全桥铁件重40余吨。中国工农红军在长征途中“飞夺泸定桥”，所以，它还是一座著名的“英雄桥”。

当时，泸定县并不生产铁。

铁索需要由出产优良生铁的荥（yíng）经县铸造，荥经县不负众望铸造出了品质上乘的铁索。然而，铁索铸成后，如何运至大渡河对岸却成了难题。

最初，工匠们尝试用羊皮筏子和木筏子来运输铁索，但都因铁索太重、水流湍急、地势凶险而无法成功。

接着，工匠们又尝试用绞盘的方式运输铁索。他们在桥的一端建了巨大的绞盘，用粗绳绑在铁索上，几队壮汉用尽全力推动绞盘，将铁索强行运输到对岸。没想到，这种方法也失败了——铁索实在太重了，粗绳在运输过程中断掉了。

最后，工匠们在桥台上建清式桥头亭，用以避免落井内的铁索受风雨侵蚀。

泸定桥建成后即成为川藏交通要津。

工匠们将所有铁索与地龙桩相连，在底面的铁索上铺设木板形成桥面。

后来，工匠们先将粗绳系于河两岸，在每根粗绳上穿10多个短竹筒；再将铁索穿过短竹筒，与短竹筒系在一起；最后从对岸拉动粗绳就实现了铁索的运输。

铁索成功运到对岸后，工匠们分别在两岸用大块条石修建了坚固的桥头，在桥头挖了深井，又在井底用生铁浇铸了地龙桩和卧龙桩。地龙桩和卧龙桩是用来锚固铁索的。

有一些桥，上面有塔，有亭子，甚至还有供人休息的长椅，设计得非常贴心。

侗族人民建造的**风雨桥**，桥面铺板，桥上建廊。塔、亭建在石桥墩上，檐角飞翘，顶有宝葫芦等装饰。因为行人能在桥上躲避风雨，故名风雨桥。风雨桥被称为世界十大最不可思议桥梁之一。

风雨桥通常以杉木为主要建筑材料。各构件之间不用一颗铁钉衔接，只以榫卯（sǔn mǎo）方式衔接。桥体的坚固程度不亚于铁桥、石桥，可延二三百年而不损。

有的桥很小，却承载了许多人儿时的回忆。

古人笔下的“小桥流水人家”曾经随处可见，如今随着社会的飞速发展，这些小桥逐渐被高楼大厦、钢铁大桥所取代。再也见不到的家乡小桥正如那再也回不去的童年时光，令人们格外怀念……

有的桥很大，能够贯通江海，就像词里形容的那样：“一桥飞架南北，天堑变通途。”

位于潮州古城东门外的**广济桥**，横跨韩江，是古代闽粤的交通要津。

广济桥为浮梁结合结构，由东、西两段石梁桥和中间一段浮桥组成。

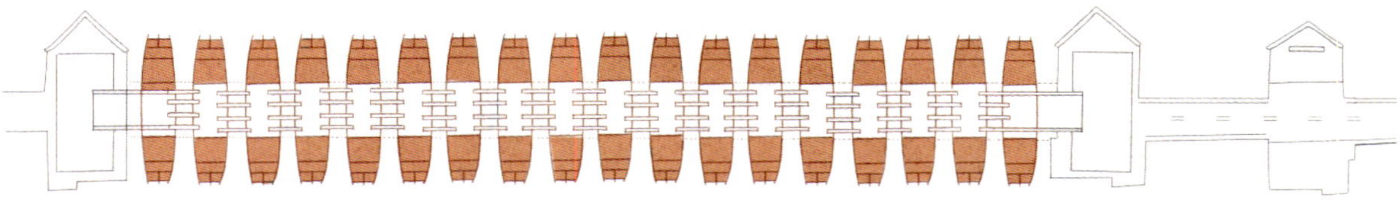

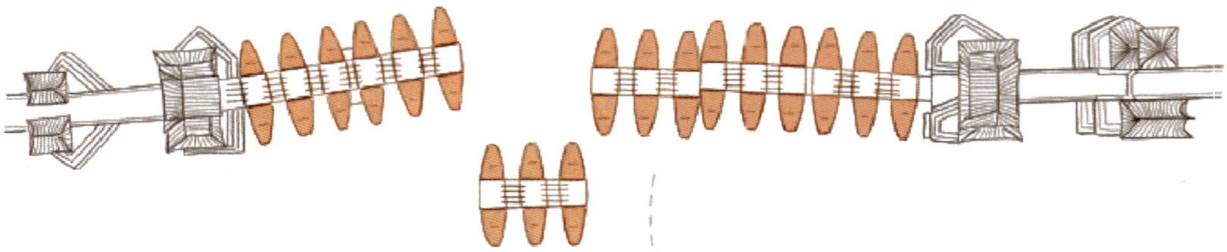

韩江江心水流湍急，不适合建桥墩，故在这个范围内建了浮桥。

广济桥的浮桥部分由18只木船连接而成，通常白天连接起来供行人过河；夜里解开一道口子，让出航道供大船行驶，这样它便成了一座可分可合的“活动桥”。

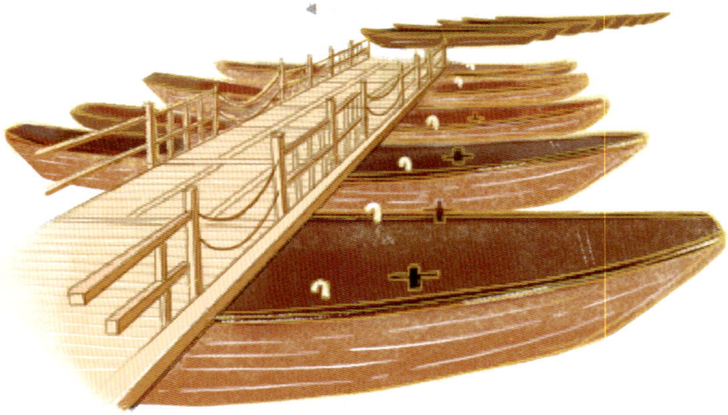

桥亭

潮州地处东南沿海地带，雨中带有酸性物质，故广济桥的桥亭顶部全部采用坤甸木为建筑材料，以榫卯方式衔接各构件。这样既能为桥梁和过往行人提供庇护，又提高了桥身抗风防潮、耐腐蚀的性能。

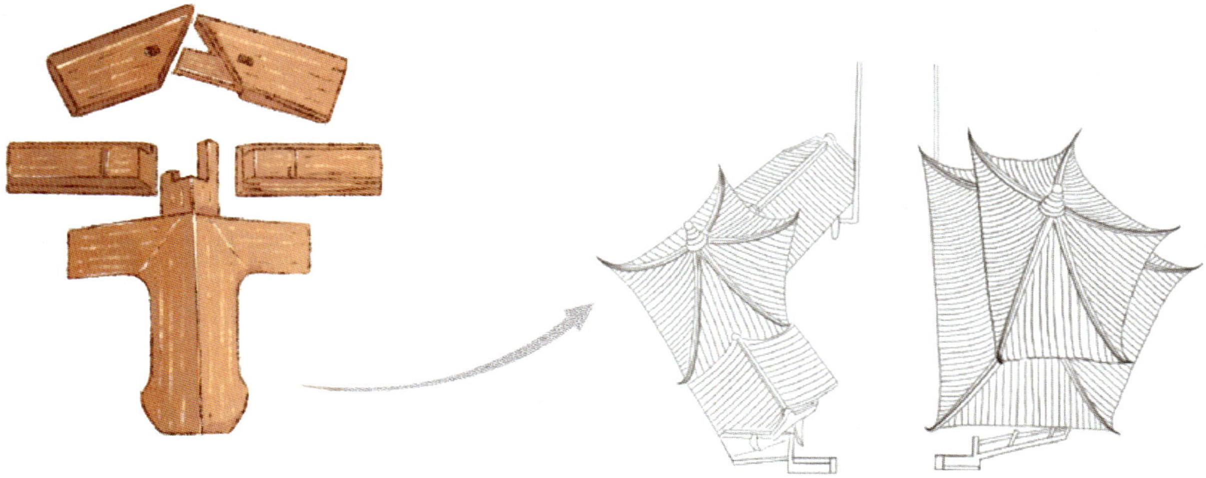

▲ 坤甸木

桥墩

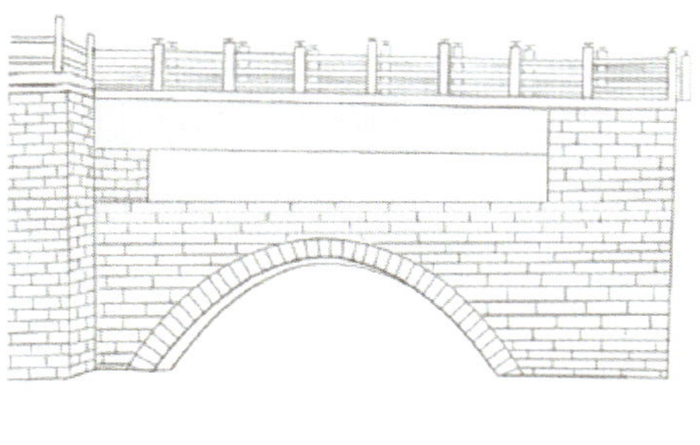

▲ 大青麻条石

广济桥的桥墩全部由韩山的大青麻条石有规律地叠合而成，没有勾灰。这样的建造方式具有巩固桥体的稳定性，减少酸性雨水侵蚀桥墩的双重作用。

有很多桥的名字奇特而有趣。

二十四桥可不是二十四座桥，它其实是一座小桥，连桥洞也只有一个。

还有一座桥，明明在福建泉州，名字却叫**洛阳桥**。

洛阳桥始建于宋朝，是我国现存年代最早的跨海梁式大石桥。相传唐宣宗微服出巡至泉州惠安县西北的一条江旁，觉得这条江周边的风景和洛阳的有些相似，便将这条江命名为“洛阳江”。洛阳桥正因建于洛阳江上而得名。

“四大文明古国”之一的中国，在古代建造出了无数性能优良、坚固耐用、美观大方的桥。遗憾的是，在近代，中国想建造大型的现代化大桥却是一个大难题，因而这也成为近代中国人心中的一个梦想。

波涛汹涌的钱塘江江面宽阔，人们都说钱塘江“没有底”，更不可能在上面建造桥梁。

1934年，中国迫切地需要在钱塘江上建造一座大桥，以打通沪杭甬铁路、浙赣铁路，保家卫国，造福人民。留美归国的茅以升毅然投身这个“超级工程”，开始主持设计、组织修建**钱塘江大桥**。

全世界都在摇头，他们不相信茅以升能够建成钱塘江大桥。可茅以升发誓：大桥要是造不好，我就第一个跳进钱塘江。

1937 年 8 月 14 日，日本空军轰炸杭州，钱塘江大桥工地也在轰炸范围内。

此时，茅以升正在水下数十米的沉箱里和其他工程师们研究施工方案。因为这场轰炸，沉箱内突然停电，大家都被困在漆黑的水下。

幸运的是，桥上的工人冒着战火修好了电路。三十分钟后，电力恢复了。

1937年9月26日，经过三年零一个月的钻研和奋战，中国人自己建造的第一座现代化跨江大桥——钱塘江大桥建成了！

可是，不到两个月，茅以升便接到上级密令：杭州不保，为了切断敌人继续南下侵略的路，必须炸毁钱塘江大桥。

1937年12月23日下午5点，随着一声巨响，钱塘江大桥的一座桥墩被炸毁，五孔钢梁折断落入江中。

那一刻，茅以升就像看到自己的孩子被炸死了。透过苍茫暮色，他悲愤地在书桌前写下八个字：

抗战必胜，此桥必复。

后来，茅以升先生的愿望终于实现了！

中华人民共和国成立后，钱塘江大桥得以重建，

越来越强大的中国已经重新跻身世界桥梁强国之列！

广东（珠海）
澳门

香港

今天，中国桥已经创造了一个又一个世界之最。

港珠澳大桥——世界上最长的跨海大桥，连接了香港、广东（珠海）和澳门。

近 10 年来，中国桥几乎每一年都在创造新的世界纪录，向全世界展示“中国桥”这张熠熠生辉的名片。

柳州**凤凰岭大桥**是世界跨径最大、体量最大的跨江风雨桥。

重庆**朝天门长江大桥**，曾以主跨552米在世界大跨径拱桥中排名第一。

福厦高铁安海湾特大桥，全长 9.5 千米，主跨 300 米，是中国首座无砟轨道跨海大跨斜拉桥。

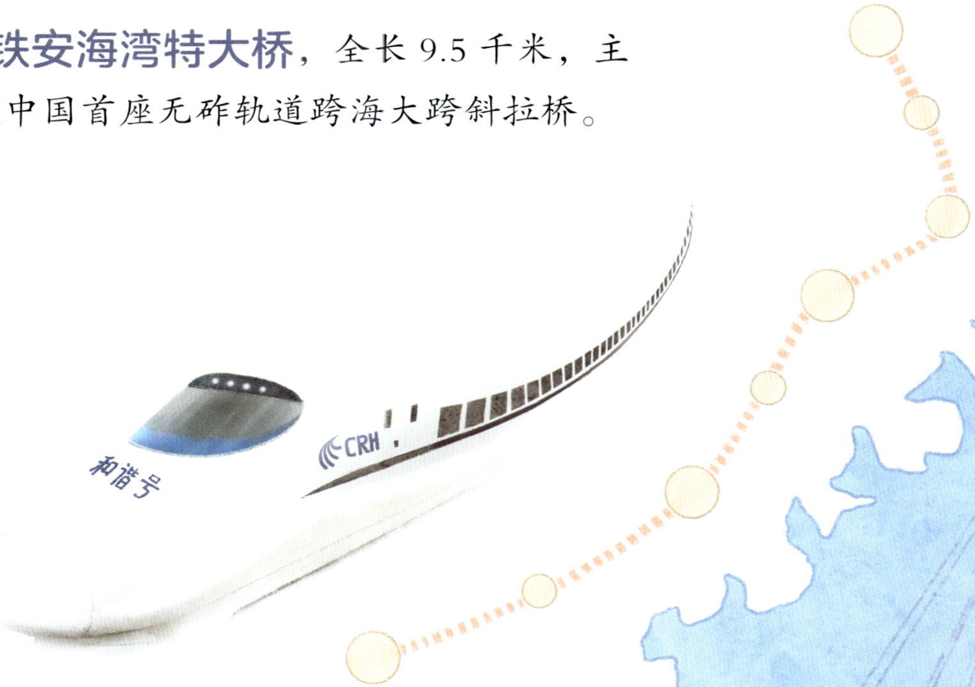

福厦高铁泉州湾跨海大桥，是世界首座行车时速超过 300 千米的跨海大跨斜拉高速铁路桥。

福厦高铁安海湾特大桥、泉州湾跨海大桥、湄洲湾跨海大桥让福厦高铁成功跨越安海湾、泉州湾、湄洲湾，成为中国首条跨海高铁。

四渡河大桥是中国首座山区特大悬索桥。

四渡河大桥建设工程是中国规模大、难度高的山区桥梁工程。该桥在促进中国山区大跨度桥梁技术进步，推动山区高速公路技术发展，加快当地交通、经济发展，提高人民生活水平方面，起到了无可替代的重要作用。

中国桥梁最多的地方当数贵州了。

贵州没有平原，大山大河众多。贵州桥梁的数量多、类型全、建造技术复杂、施工难度极大，几乎囊括了当今世界上全部桥型，创造了数十项“世界第一”。

贵州是名副其实的“桥梁博物馆”。

这里的桥，最大的特点就是高。

北盘江第一桥，高 565 米，主跨 720 米，建成于 2016 年，是当时世界上最高的桥梁。

北盘江第一桥荣获：

◆ 2019 年菲迪克特别优秀奖

◆ 第 35 届国际桥梁大会古斯塔夫·林登少金奖

鸭池河大桥，桥面至水面距离为 434 米，虽高度不如北盘江大桥，但也是世界前十高的桥梁。

这座全长 1450 米的大桥是世界上最大跨径钢桁(héng)梁斜拉桥，也是世界上最大跨径山区斜拉桥！

鸭池河大桥荣获：

◆第 35 届国际桥梁大会
古斯塔夫·林登少金奖

坝陵河大桥，全长 2237 米，主跨长 1088 米，桥面至坝陵河水面 370 米，是世界上首次在高山峡谷地区修建的如此大跨度的钢桁加劲梁悬索桥。

其建成时的主跨长度位列我国第一、世界第六，西岸隧道式锚碇长度在当时位列世界第一。

贵州的桥覆盖了梁桥、拱桥、悬索桥、斜拉桥等多种桥梁结构形式，几乎囊括当今世界上的全部桥型。从一定层面上说，你喜欢的桥的类型，在贵州都有！

平塘特大桥，主塔高 332 米，相当于 110 层楼的高度，是目前世界上桥塔最高的三塔斜拉桥。

三个巨型桥塔的造型均为钻石形空间塔，从远处看，好似三颗巨型的“钻石”矗立在峡谷间。

平塘特大桥荣获：

◆第 38 届国际桥梁大会

古斯塔夫·林登少金奖

花鱼洞大桥，全长270米，以全球首创的“原桥重建、拆建同步”的设计构思，让桥梁重建与生态环保和谐统一，成为山区峡谷桥梁“小而精”的代表作，是贵州首座“提篮式”公路桥梁。

花鱼洞大桥荣获：

◆第 39 届国际桥梁大会

古斯塔夫·林登少金奖

每年，我们都在建造很多技术先进的桥，但是，那些祖先留给我们的古老桥梁，我们也要守护好。

福建屏南的**万安桥**，毁于2022年8月的一场火灾。它是一座有着900余年历史的木结构廊桥。让我们再欣赏一下它曾经的美丽，把它永远留在我们的心里。

未来，在中国的大地上，你一定会走万里路，过千座桥。这些桥，有大有小，有高有低，有弯有直……它们跨越一条条河流、穿过一个个峡谷，让我们的出行更加方便。

一座座桥，连通了人们通往梦想的路与路，形成这个时代最美丽、最壮观的一道风景线。